7

AMOUR ET PATRIE.

PETIT CHANSONNIER FRANÇAIS;

Par DOIGT.

Premier Cahier.

A PARIS,
Chez M*r*. PORLIER, graveur, rue des Cinq
Diamans, N°. 8, seul Dépôt.

1823.

AMOUR ET PATRIE.

PETIT CHANSONNIER FRANÇAIS;

Par DOIGT.

> Quand l'honneur a guidé ses pas,
> Sous les murs d'une place forte,
> Un français ne s'arrête pas
> Aux bagatelles de la porte.

A PARIS,
Chez M^r. PORLIER, graveur, rue des Cinq
Diamans, N°. 8, seul Dépôt.

1823.

De l'Imprimerie de F.-P. HARDY, rue Saint-Médéric, N°. 44.

LES DEVOIRS D'UN FRANÇAIS.

Air : de l'Artiste.

A son pays fidèle,
Aussi bien qu'à l'honneur,
Où le danger l'appelle
Signaler sa valeur ;
Mourir sous sa bannière,
Ne se rendre jamais ;
Voilà, pendant la guerre,
Les devoirs d'un Français.

Dans un péril extrême
Marcher d'un pas égal,
N'avoir d'autre système
Que le bien général ;
Au malheur, en silence,
Prodiguer ses bienfaits :
Voilà, dans l'opulence,
Les devoirs d'un Français.

A celle dont les charmes
Ont su fixer son cœur,
Rendre aussitôt les armes,
L'aimer avec ardeur,

Se montrer digne d'elle,
Respecter ses attraits;
Voilà, près d'une belle,
Les devoirs d'un Français.

HIER ET AUJOURD'HUI.

Air : *Restez, restez, Troupe jolie.*

Hier je comptais à ma table
Quelques parens, beaucoup d'amis,
Et grâce à mon titre honorable
Chez tous les grands j'étais admis ;
J'avais une assez forte somme,
Une place, un superbe habit ;
J'étais un parfait honnête homme,
Et surtout un homme d'esprit.

Aujourd'hui, Duval, dans sa rage,
Dénonce mon opinion,
Et sans m'écouter on m'engage
A donner ma démission.

Privé de mes droits, de ma place,
On me prête plus d'un défaut ;
Je suis un vaurien que l'on chasse,
Et je ne fus jamais qu'un sot.

L'ESPRIT DU VAUDEVILLE.

Air : *de l'Avenir je ne m'occupe guère.*

Fier de son rang, de son nom, de sa gloire,
Avec honneur le brave Luxembourg,
Sur le chemin que trace la victoire,
Marchait au son du fifre et du tambour :
Ah ! disait-il, d'une ligue féroce,
Vaillans soldats triomphons en héros ;
A l'ennemi, par respect pour ma bosse,
On ne me vit jamais tourner le dos.

Un grenadier, noble enfant de la France,
Que l'Aquilon vers nos bords ramenait,
Près d'un glaçon, cédant à sa souffrance,
Au vieux Francœur en ces termes parlait :
Ah ! c'en est fait, en ces lieux je succombe,
Prends cette croix et porte au loin tes pas,
Afin qu'ici, creusant bientôt ma tombe,
Nos ennemis ne la profanent pas.

Au cabaret où Jean parfois s'enivre,
Guillaume court et dit, saisi de peur :
Chez nous tout brûle, hâtez-vous de me suivre.
Pour mes voisins, répond Jean, quel malheur!
Sans être ému, j'entends tinter la cloche,
L'événement m'inquiète fort peu ;
De ma maison j'ai la clef dans ma poche :
Garçon, du vin, je ne crains pas le feu.

Un courtisan, fier de savoir sa langue,
Au gros Lucas, sur ce point en défaut,
Disait un jour : au lieu d'une harangue
Dis-nous, mon cher, ce qu'un âne ici vaut :
Parbleu! répond l'homme à chapeau de paille,
De nos baudets les prix me sont connus,
Alors qu'ils ont votre air et votre taille,
Mon bon seigneur, ils valent dix écus.

Un parvenu, vanté dans ses mémoires,
Parlait un jour à nos preux sur ce ton :
« Je ne vous vois jamais qu'en guêtres noires;
» De mode ici quand donc changera t-on ?
» Pour vous calmer nos mesures sont prises,
» Répond l'un d'eux endurant à demi,
» Mon général, vous en verrez des grises.
» Quand il faudra combattre l'ennemi. »

Lord-Pouff, un jour au père Lajeunesse,
Tenait, dit-on, ce propos outrageant :
Depuis vingt ans nous combattons sans cesse,
Nous, pour l'honneur, et vous pour de l'argent.
A ce sujet voici ce que je pense,
Répond le Franc, sans le moindre embarras ;
Chacun de nous dans cette circonstance
Se bat, je crois, pour un bien qu'il n'a pas.

Certain pasteur, moins éloquent qu'un moine,
A son troupeau parlait de Saint-François ;
Puis, ajoutait le dévot, Saint-Antoine
A notre amour n'a t-il pas quelques droits ?
Frères, parlez, où mettrons-nous de grâce
Ce bienheureux qui dompta le démon ?
Ma foi, dit Jean, qu'on le mette à ma place,
Car aussi bien je suis las du sermon.

Je suis épris d'une jeune chanteuse,
Qu'on applaudit à la ville, à la cour ;
Elle se rit de ma flamme amoureuse ;
Mais j'ai l'espoir de la fixer un jour ;
Quand sur sa voix je flatte la cruelle,
D'orgueil soudain je la vois se gonfler ;
Je n'obtiens plus de feu, ni de chant d'elle,
Quelque malin va t-il me la souffler ?

Non loin des murs de l'antique Lutèce,
Aux ennemis errans de toutes parts,
Un vieux soldat, fidèle à sa promesse,
Parlait ainsi du haut de ses remparts :
Comme à vingt ans, morbleu ! je suis ingambe;
Pour votre honneur, tout beau, Messieurs,
    tout beau !
Si par hasard vous me rendez ma jambe,
J'en fais serment je vous rends le château.

LAISSE-MOI DORMIR SUR TON SEIN.

Air : *Loin de l'éclat du Diadéme.*

Au temps heureux où la constance
Pour nos cœurs était une loi,
Zulma, tu cherchais ma présence,
Et je languissais loin de toi;
Aux accens de ta voix sonore,
Mon cœur palpitait sous ta main :
Si tu veux qu'il palpite encore,
Laisse-moi dormir sur ton sein.

Tu partageais la douce flâme
Qu'amour allumait dans mon cœur;
Tu faisais passer dans mon âme
Le plaisir, l'espoir, le bonheur;
Mais depuis que tu m'es ravie,
Ce bonheur, je le cherche en vain;
Si tu veux me rendre à la vie,
Laisse-moi dormir sur ton sein.

Dans un accès de jalousie,
Cédant à ma juste fureur,
Un jour à la belle Aspasie,
J'osai parler de mon ardeur;
Malgré moi, partout je publie,
Et mon amour et mon dessein,
Si tu veux qu'ici je l'oublie,
Laisse-moi dormir sur ton sein.

LES BAGATELLES DE LA PORTE.

Air : *Vaudeville d'une heure de folie.*

Venez admirateurs du beau,
Nous dit Pierrot, avec astuce,
Voir un phénomène nouveau,
Mis au monde par une puce.

Parmi ceux dont on fait grand cas
Il n'en est pas un de la sorte.
Messieurs, ne vous arrêtez pas
Aux bagatelles de la porte.

Dame Gertrude à son époux
Fatigué par de vaines lutes
Disait : allons, reposez-vous ;
Vous n'êtes plus ce que vous fûtes,
Au temps heureux où mes appas
Des amans fixaient la cohorte ;
Jean, vous ne vous arrêtiez pas
Aux bagatelles de la porte.

Par nos braves mis en défaut,
L'ennemi craignant quelque piége,
Sans risquer un second assaut,
Tremble et soudain lève le siége.
Quand l'honneur a guidé ses pas
Sous les murs d'une place forte,
Un français ne s'arrête pas
Aux bagatelles de la porte.

Lorsque je dîne chez Bailli,
Craignant un entremets trop leste,
J'attaque deux fois le bouilli,
Quoique souvent très-indigeste.

Jules donne-t-il un repas ;
Plus noblement je me comporte ;
Chez lui je ne m'arrête pas
Aux bagatelles de la porte.

L'an dernier, mon voisin Victor,
Plein de probité, mais pauvre homme,
Fut en justice par Mondor
Cité pour une faible somme.
A la Force, après les débats,
Il fut conduit sous bonne escorte ;
Car Mondor ne s'arrête pas
Aux bagatelles de la porte.

A Feydeau, venu sans apprêt,
Un gentilhomme à long visage,
A ceux qui le serraient de près,
Tenait ce comique langage :
Allons, qu'on me cède le pas,
Ou je vais demander main-forte ;
Un marquis ne s'arrête pas
Aux bagatelles de la porte.

Des Muses, chétif nourrisson,
Si plus tard, contre ma coutume,
Je fais figurer ma chanson
En tête de quelque volume ;

Vous qui frondez tout ici-bas,
A la sauter je vous exhorte;
Censeurs, ne vous arrêtez pas
Aux bagatelles de la porte.

CONSOLE-TOI.

Air : *Je suis heureux.*

Console-toi, jeune et sensible amie,
Pour nous bientôt vont luire de beaux jours ;
Assez long-temps la fortune ennemie
A mis entrave à nos tendres amours.
Plus calme enfin, charme par ta présence
Les bords heureux où tu reçus ma foi ;
De t'obtenir j'ai la douce espérance ;
Console-toi.

Console-toi, si la fière Bellon
Dans son courroux arme soudain mon bras ;
Devant l'airain qui forme la colonne,
J'ai mille fois affronté le trépas.

Par un revers si ma gloire est flétrie,
Que ma douleur ajoute à ton effroi;
Mais si je meurs en sauvant ma patrie,
Console-toi.

Console-toi, si d'un destin funeste
Je dois encore éprouver les rigueurs;
Grâce à tes soins, un jeune enfant te reste,
Pour arrêter la source de tes pleurs.
Fils de l'amour, au gré de mon envie,
S'il aime un jour son pays comme moi,
Fût-il en butte aux tourmens de la vie;
Console-toi.

Console-toi, si bientôt je succombe
A des regrets vainement combattus;
En expirant, j'emporte dans la tombe
Ton souvenir, ma gloire, et des vertus.
En maîtrisant une erreur que j'abjure,
De tes instans fais un plus doux emploi;
A mes sermens je ne fus point parjure.
Console-toi.

LE CHIEN DU BRAVE.

Air : *du nouveau Bélisaire.*

Paré du signe le plus beau (1),
Francœur revenant de la guerre
Voyait en tremblant le hameau
Qu'avait illustré son vieux père ;
Sans espoir, sans or et sans bien,
Pour calmer sa peine cruelle,
Il n'avait qu'un ami fidèle,
Et cet ami, c'était son chien.

Auprès de lui toujours placé,
Moustache avec reconnaissance,
Avait de son maître blessé
Vingt fois apaisé la souffrance.
Francœur, que n'épouvantait rien,
Quoique victime des parjures,
Sur lui comptait moins de blessures
Que n'en avait reçu son chien.

---

(1) La Croix méritée.

Privé d'un appui mérité,
Par de bons et loyaux services,
Francœur méconnu, rebuté,
Vit se r'ouvrir ses cicatrices.
Des preux le superbe doyen,
Qu'avait respecté la mitraille,
Succomba sur un lit de paille
En ne regrettant que son chien.

Celui qui d'une noble ardeur
Fit preuve dans maintes batailles,
Devait, en cédant au malheur,
Trouver d'illustres funérailles.
Près de son fidèle gardien,
De sa gloire il mourut esclave,
Et le triste convoi du brave
Ne fut suivi que de son chien.

Non loin du réduit où Francœur
A marqué sa dernière place,
Moustache en butte à sa douleur
Bientôt devint froid comme glace.
De l'amitié le doux lien
A ses yeux avait cessé d'être,
Et sur la tombe d'un bon maître
On vit expirer un bon chien.

―――

LA NOCE DE CAMPAGNE.

Air : *Du branle sans fin.* (M.)

Le jour se colore,
La brillante aurore
Reparaît et dore
Nos bois, nos guérets.
L'heureuse famille
Se pare, s'habille,
On court, on babille,
On fait mille apprêts.

Puis à la ronde,
Bientôt le monde
Accourt, abonde,
Vient de toute part.
De la mollesse
Le règne cesse,
Et plein d'ivresse
En cortége on part.

De fleurs d'hyménée
Lise couronnée
Au temple est menée
Au son du crin-crin.
Le maître d'école
Chez le curé vole,
Lui met son étole,
Et court au lutrin.

Le bedeau sonne,
On carillonne,
Le mousquet tonne,
Et seul à l'écart,
Marchant derrière
Le petit frère,
D'humeur guerrière,
Lance maint pétard.

Enfin à l'église,
La naïve Lise,
En fille soumise,
Tombe à deux genoux ;
Et là, sous la serge,
La timide vierge,
Devant un grand cierge
Accepte un époux.

Mainte fillette,
Jeune et coquette,
Court en cachette
Pour voir cet hymen ;
Attends, espère,
Ce jour prospère
Pour toi, ma chère,
Brillera demain.

Le pasteur s'avance,
Prêche d'abondance ;
De son éloquence,
Pouvoir fourtuné ! ! !
L'assistant sommeille,
Le curé seul veille,
Et l'on ne s'éveille
Que pour le dîné.

Le feu s'allume,
Le pot s'écume,
Le gigot fume,
La poële frémit,
Le four petille,
Le couteau brille,
Le boudin grille,
Et le vin jaillit.

Dans ce jour propice,
Chacun entre en lice,
Curé, bedeau, suisse,
Serpent, sacristain,
Les pères, les mères,
Les amis, les frères,
Tous choquent leurs verres
Par un doux tin-tin.

Mais le chant cesse,
Qu'elle autre ivresse
Fait qu'on délaisse
La table et le vin.
Un nouvel être
Vient à paraître ;
Que peut-il être ?
C'est le tambourin.

Gaîment il s'avance,
Chaque époux s'élance ;
Le papa commence
Au bruit des bravos.
Sa danse peu sûre,
Sans mésaventure
Change la mesure
En bonds inégaux,

Les danseurs se soûlent,
Les amans roucoulent,
Tous les buveurs boulent
Au pied du tonneau.
Mais les toits blanchissent,
Les quinquets pâlissent,
Les époux se glissent....
Tirons le rideau.

D'ASSAS.

Air : *Vaudeville de Turenne.*

D'Assas, une nuit en silence,
Non loin de son poste est surpris ;
Nos preux vont périr sans défense,
S'il ne fait entendre ses cris.
O gloire ! son âme charmée
S'élève au-dessus du danger !
D'Assas, sous le fer étranger
Tombe, et sauve toute l'armée.

CONSIGNE A MON VALET.

Air : *Vaudeville des deux Edmond.*

DANS le poste que je t'assigne,
Paul, observe bien ta consigne :
Au débiteur que je poursuis ;
 Dis que j'y suis.   (*bis*)
Mais au créancier qui m'assiége
Et qui cherche à me tendre un piége,
Toujours en garde en pareil cas,
 Dis que je n'y suis pas. (*bis*)

Au proscrit qui te dit en face :
Ami, protége moi, de grâce,
Contre des mouchards que je fuis ;
 Dis que j'y suis.   (*bis*
Mais si l'un d'eux soudain te somme
De lui dire où s'est caché l'homme
Que je rassure dans mes bras,
 Dis que je n'y suis pas. (*bis*)

Si tu vois paraître à la file
Les gais enfans du Vaudeville,
Bien frais, bien ronds, bien réjouis,
　　Dis que j'y suis ;　　　(*bis*)
Mais au mince auteur sans génie,
Qui, blâmant la Métromanie,
Se croit un Racine ici-bas,
　　Dis que je n'y suis pas.　　(*bis*)

Te fait-on cadeau pour ma table
D'un panier d'Aï délectable,
Fût-ce même du vin de Nuits,
　　Dis que j'y suis ;　　　(*bis*)
Mais si tu reconnais sans peine
Qu'on ne m'offre que du Surène,
Au lieu de ces vins délicats,
　　Dis que je n'y suis pas.　　(*bis*)

Si mon voisin, parfois t'appelle,
Reçois de ses mains avec zèle
Le Courier, le Miroir, et puis,
　　Dis que j'y suis ;　　　(*bis*)
Mais, si croyant mieux me distraire,
Sa femme te donne au contraire,
Ou la Gazette, ou les Débats,
　　Dis que je n'y suis pas.　　(*bis*)

Aux Français si quelqu'un m'invite,
Reçois le billet au plus vite;
Le porteur fût-il un marquis,
   Dis que j'y suis;   (*bis*)
Mais s'il t'annonce avec mystère
Le Vampire, ou le Solitaire,
Je hais le pathos, le fracas,
   Dis que je n'y suis pas.   (*bis*)

A ma porte, si la vieillesse
Te peint en tremblant sa détresse,
Je donne, puisque je le puis;
   Dis que j'y suis;   (*bis*)
Sous les lambeaux de l'indigence
Si la paresse la devance
Pour m'arracher quelques ducats,
   Dis que je n'y suis pas.   (*bis*)

A mon insçu, si Jean t'obsède,
Et te dit qu'il veut que je l'aide
A chercher des trésors enfouis,
   Dis que j'y suis;   (*bis*)
Mais si, contre mon espérance,
Il exige par bienséance,
Qu'au Pérou je guide ses pas,
   Dis que je n'y suis pas.   (*bis*)

Enfin, si la gentille Annette
Doucement, tire ma sonnette,
Je la reçois toutes les nuits ;
   Dis que j'y suis.   (*bis*)
Si la suivant de près, Hortense
Veut être admise en ma présence,
Songe que je prends mes ébats,
   Dis que je n'y suis pas,   (*bis*)

LE MANIAQUE.

Air : *du Mameluck.*

De boire j'ai la manie ;
Grâce à cet heureux défaut
La froide monotonie
Ne me livre point assaut.
J'aime à me rougir la trogne,
Avec un vin pur et frais :
Dût-on m'appeler ivrogne,
Je ne changerai jamais.

D'être humain j'ai la manie ;
Et pour soulager mon cœur,
J'ouvre ma bourse garnie
A la vieillesse, au malheur.

Fier d'un acte qui m'honore,
Si je compte mes bienfaits,
C'est pour les doubler encore ;
Je ne changerai jamais.

De rimer j'ai la manie ;
Mais, craignant quelque revers,
C'est au courage, au génie,
Que je consacre mes vers.
Glorieux de mes services,
Je chante l'honneur Français ;
Chante qui voudra les Suisses,
Je ne changerai jamais.

Des dîners j'ai la manie ;
Mais quand je donne un repas,
La triste cérémonie,
Chez moi ne pénètre pas.
J'aime qu'on boive à sa guise,
Que la gaîté brille ; mais
Je n'aime pas qu'on médise ;
Je ne changerai jamais.

En un mot, j'ai la manie
De plaindre le triste sort
D'une famille bannie
Qui n'aperçoit plus le port.

Animé d'un noble zèle,
En partageant ses regrets,
Je forme des vœux pour elle :
Je ne changerai jamais.

LE VRAI BONHEUR.

Air : *de Toberne.*

Loin du fracas des villes,
Passer ses plus beaux jours ;
Par des travaux utiles
En égayer le cours ;
D'une honnête industrie
Savourer les douceurs ;
Défendre sa patrie
Contre ses détracteurs ;
Respecter la vieillesse,
Honorer la candeur,
Eclairer la jeunesse,
Pardonner à l'erreur ;
Voilà le vrai bonheur. (*bis*)

Offrir à l'indigence
Un généreux appui ;
Trouver dans l'inconstance
Un remède à l'ennui ;

Enfant de la folie,
Par un charme divin,
Faire à femme jolie,
Succéder le bon vin ;
Préférer au cantique
D'un fanatique auteur,
Une chanson bachique,
Que l'on répète en chœur ;
Voilà le vrai bonheur.   (*bis*)

Naufragé de la Loire,
Si l'un de nos guerriers,
Pour gages de sa gloire
N'a plus que ses lauriers ;
Compatir en silence
Aux peines de son cœur,
Couvrir son indigence
D'un voile protecteur,
Lui dire que la France,
Que touche sa douleur,
Pour son indépendance
Compte sur sa valeur ;
Voilà le vrai bonheur.   (*bis*)

Au malheureux, que l'âge
Sous son poids fait fléchir,
Offrir la douce image
D'un riant avenir ;

A l'orphelin utile,
Remplir avec honneur
La tâche difficile
De consoler son cœur ;
Dans sa reconnaissance
Trouver le prix flatteur
Des soins, qu'à son enfance
On donna sans humeur ;
Voilà le vrai bonheur. (*bis*)

MA FLEUR.

Air : *De la Palatine.*

Je cultive une jeune fleur,
Pour le plaisir à peine éclose ;
Elle efface par sa fraîcheur
Le vif incarnat de la rose.
Mon voisin, homme de bon goût,
Mais déjà sur le soir de l'âge,
Prétend que je dois avant tout,
L'offrir au seigneur du village.

A mes yeux, ce noble seigneur,
Que chaque paysan salue,
N'a, pour mériter cet honneur,
Que sa fierté, partout connue.

La fleur dont je fais tant de cas,
Et dont le doux parfum embaume,
Au château ne se plairait pas
Comme elle se plaît sous le chaume.

Outre deux boutons que Zéphir,
Sous mille baisers, fit éclore,
Ma main caresse avec plaisir
Un bien plus précieux encore.
Ce bien que, malgré mon ardeur,
Je soigne en fleuriste novice,
De mon incomparable fleur,
Se nomme, je crois, le calice.

Enfin, ma fleur est un trésor,
Qu'avec succès ma main dirige,
Et qui, je crois, n'a pas encor
Plié sous le poids de sa tige.
Mon zèle à ses traits, selon moi,
Donne des couleurs purpurines,
Si c'est une rose, ma foi,
C'est une rose sans épines.

L'heureux instant de la cueillir,
S'approche au gré de mon envie;
Le bonheur dont je vais jouir,
Sourit à mon âme ravie :

Pourtant, je crains qu'à ce bonheur
La peine bientôt ne s'unisse ;
Car il n'est, dit-on, pas de fleur
Qui chez nous ne s'épanouisse.

ON NE FUME PAS ICI.

Air : *Ce mouchoir,* etc.

On a célébré les belles,
L'amour, la gloire, le jeu,
Les roses, les immortelles,
Le vin, l'eau, l'air et le feu.
En dépit de maint critique,
Jaloux de rimer aussi,
Je prends ce refrain comique :
On ne fume pas ici.

Voyez Fanfan Latulipe,
Pour qui boire est un besoin,
Marcher, en fumant sa pipe,
Droit au cabaret du coin.
A jeun, Fanfan s'y transporte ;
Mais il s'en retourne ainsi,
Dès qu'il a lu sur la porte :
On ne fume pas ici.

Maîtres du champ de bataille,
Nos intrépides guerriers,
Echangent leurs lits de paille
Contre des lits de lauriers.
Heureux quand de la victoire
Le bulletin a grossi
Ils frédonnent avec gloire :
On ne fume pas ici.

Je siffle à la comédie,
Lorsqu'un artiste à mes yeux,
Du grand Voltaire estropie
Les chef-d'œuvres précieux.
Mais dès que Talma déclame,
Je dis le cœur adouci ;
Cet homme-là touche l'âme :
On ne fume pas ici.

Sans pipe toujours je fume,
Quand Dorfeuille dans ses vers,
Par une indigne coutume
Applaudit à nos revers.
Mais à venger la patrie,
Dès que Paul a réussi,
Dans l'ivresse je m'écrie :
On ne fume pas ici.

Plus d'un auteur s'imagine,
Qu'en vous offrant ses couplets,
Grâce à sa muse badine,
Vous les trouverez bien faits :
Mais moi, sur ma chansonnette,
Je ne suis pas sans souci ;
Heureux si chacun répète :
On ne fume pas ici.

LE VIEUX TAMBOUR.

Air : *De la vivandière.* (L.)

Des grenadiers ancien tambour,
La Grenade on me nomme ;
J'ai quarante ans fêté l'amour,
La gloire et le *rogome.*
Amant léger, buveur constant,
Ran-plan, ran-plan, ran-plan, ran-plan
Amant léger, buveur constant.
Ran-plan, tambour battant.

Je naquis au milieu des camps ;
Mes yeux à peine encore
S'ouvraient faibles et languissans ;
Que par son bruit sonore,

Le tambour frappa mon timpan,
Ran-plan, ran-plan, ran-plan, ran-plan;
Le tambour frappa mon timpan,
Ran-plan, tambour battant.

A quatorze ans de nos guerriers
Je partageais la gloire,
Je battais à nos grenadiers
La charge et la victoire;
Et j'ai mené l'anglais souvent,
Ran-plan, ran-plan, ran-plan, ran-plan;
Et j'ai mené l'anglais souvent,
Ran-plan, tambour battant.

Un certain jour, je m'en souviens,
Tambour d' la république,
Je rencontrai les autrichiens,
Ravageant la Belgique:
Fleurus en vit le châtiment,
Ran-plan, ran-plan, ran-plan, ran-plan;
Fleurus en vit le châtiment,
Ran-plan, tambour battant.

L'Egypte m'a vu dans les rangs,
De nos preux intrépides,
Réveiller par mes roulemens
L'écho des pyramide,

Et faire fuir le musulman,
Ran-plan, ran-plan, ran-plan, ran-plan,
Et faire fuir le musulman,
Ran-plan, tambour battant.

A Strasbourg je passai le Rhin,
Vienne m'ouvrit ses portes;
L'an suivant j'entrai dans Berlin,
Précédant nos cohortes;
Et mon tambour allait ronflant,
Ran-plan, ran-plan, ran-plan, ran-plan;
Et mon tambour allait ronflant,
Ran-plan, tambour battant.

Au logement quand je trouvais
Beauté douce et mignonne,
Au pas redoublé je menais,
Le cœur de la friponne.
Puis nous terminions le roman,
Ran-plan, ran-plan, ran-plan, ran-plan;
Puis nous terminions le roman,
Ran-plan, tambour battant.

Quand l'anglais, vomissant sur nous
Les foudres de Bellonne,
Nous cria : *Français*, rendez-vous,
Je dis après Cambronne :

Un français jamais ne se rend,
Ran-plan, ran-plan, ran-plan, ran-plan;
Un français jamais ne se rend,
Ran-plan, tambour battant.

Après moi je veux, qu'à son tour,
Mon fils serve la France,
En lui remettant mon tambour,
Je lui dirai d'avance :
Des tambours sois le plus vaillant,
Ran-plan, ran-plan, ran-plan, ran-plan;
Des tambours sois le plus vaillant,
Ran-plan, tambour battant.

LES SENTIMENS.

Air : *Je loge au quatrième étage.*

J'AIME Héloïse avec ivresse,
Rien n'approche de sa beauté ;
C'est un diable pour la finesse,
C'est un ange pour la bonté.   (*bis.*)
Mais, le croira-t-on? la cruelle
Se fait un jeu de mes tourmens,
Et tant de rigueur chez ma belle
N'empêche pas les sentimens.   (*bis.*)

J'ai de l'inconstante fortune
Suivi le char majestueux ;
Et par une chance commune
Elle fut contraire à mes vœux. (bis)
De mes créanciers les vedettes
Observent tous mes mouvemens,
Mais quinze mille francs de dettes
N'empêchent pas les sentimens. (bi

Fuyant un rival qui le brave,
Decrac, intrépide gascon,
Par le soupirail d'une cave,
S'exprimait un jour sur ce ton : (b
Dé grace moins de pétulancé
Modérez vos emportemens,
Se cacher ici par prudencé,
N'empêché pas les sentimens. (bi

Inconsolable de l'absence,
D'une épouse qui s'égara ;
Godart offre une récompense
A qui la lui ramènera. (bi
Partout on l'intrigue, on le blâme ;
Mais par de bons raisonnemens,
Il prouve qu'afficher sa femme
N'empêche pas les sentimens. (bi

Paul épris d'une jeune veuve,
De l'hymen a subi les lois,
Et depuis, mainte et mainte épreuve,
Le fit repentir de son choix. (bis.)
Plein d'une indulgnece sans bornes,
Paul, grâce aux soins de deux amans,
Dit en riant: ma foi, des cornes,
N'empêchent pas les sentimens. (bis.)

Guidé par l'amour de la gloire,
A douze ans, je me fis soldat;
A seize déjà dans l'histoire
Mon nom brillait avec éclat. (bis.)
Détracteurs de nos vieux services,
Abjurez vos égaremens,
Et ma croix et mes cicatrices
N'empêchent pas les sentimens. (bis.)

IL NE FAUT QU'UN COUP POUR ABATTRE UN LOUP.

Air : *On danse à quinze ans.*

Du Dieu du raisin,
Soyons les disciples fidèles,
Puisons dans le vin
Chaque jour, des forces nouvelles.
Amis, buvons, mais
Sans broncher jamais
A la fin la cruche se brise ;
Aussi j'adopte pour devise :
« Il ne faut qu'un coup
» Pour abattre un loup. »

En amant épris,
Eugène, ce nouveau Narcisse,
Disait à Chloris,
A mon amour soyez propice.
Croyez à l'ardeur
Dont brûle mon cœur,

La belle cède à son ivresse ;
Et depuis, elle dit sans cesse :
« Il ne faut qu'un coup
» Pour abattre un loup. »

La brette à la main,
Un habitant de la Garonne,
Disait : c'est en vain
Que l'on se frotte à ma personne.
Qui m'attaque est mort,
Et dans mon transport
Je battrais une armée entière ;
Il dit, tombe et mord la poussière.
« Il ne faut qu'un coup
» Pour abattre un loup. »

Du Breton si vain,
La fortune au ciel est portée,
Son trident d'airain,
Commande à la mer irritée.
France, jette un cri ;
L'anglais à pâli.
De Jean-Bart l'ombre consolée
S'élève de son mausolée :
« Il ne faut qu'un coup
» Pour abattre un loup. »

COUPLETS
A UN OFFICIER D'ARTILLERIE, DEVENU EMPLOYÉ DES PONTS ET CHAUSSÉES.

Air : *à soixante ans il faut plier bagage.*

C'EN est donc fait, j'apprends que las d'écrire
Sur maint sujet qui n'est plus de saison,
Sans balancer tu trafiques ta lyre,
Contre une régle, un compas, un crayon. *bis.*
Loin de blâmer ce changement étrange,
J'en ris parfois, et je me dis soudain :
Si tout-à-coup de métier l'homme change,
C'est qu'il est sûr de faire son *chemin*. *bis.*

Grâce à ton zèle, une noble *carrière*
S'ouvre pour toi; prends vite ton élan.
A tes desseins si le sort est contraire,
En artilleur, sache tirer ton plan. *bis.*
Puissent les Ris voltiger sur tes traces,
Mais vieux soldat par le sort éprouvé,
Quand tes amis sont presque tous sans places
Ne rougis pas d'être sur le pavé. *bis.*

Fuis avec soin ces guerriers froids et mornes,
Qu'on voit trembler au signal d'un assaut;
A ton ardeur mets cependant des bornes :
L'excès en tout, mon cher, est un défaut. *bis.*
Sois gai, sois franc; enfin, coûte qui coûte,
Arrive au but en visant au certain.
Si comme toi, j'étais en bonne route,
Quoi qu'un peu lourd, à coup sur j'irais loin. *bis.*

LE HUSSARD.

Air : *Voilà la manière.*

Toujours prêt à boire,
Toujours gai luron,
Se faire une gloire
D'être biberon.
A joyeux *refrain*,
Marier le doux son du verre.
Rire du destin
S'il se montre à ses vœux contraire.
Jamais chez sa belle
N'arriver trop tard;
C'est ce qui s'appelle
Agir en hussard.

Un jour de bataille
Signaler son bras,
Et vaille que vaille,
Braver le trépas ;
A ses ennemis,
Partout se montrer redoutable,
Une fois soumis,
Leur tendre une main secourable ;
Prendre pour modèle
Desaix, ou Bayard,
C'est ce qui s'appelle
Agir en hussard.

LE POLITIQUE EN JOUISSANCE.

Air : *Moi je flane.*

Allons, preste,
Allons, leste,
Qu'on me donne,
Je l'ordonne,
La Gazette,
Que je guette ;
Puis je veux voir
Le Miroir.

Le Drapeau-blanc sous le bras
Je marche avec assurance,
Et je saisis par prudence
La Gazette ou les Débats.
Dans le plan que je combine,
Sur maints lecteurs aguerris,
Par adresse ou par famine,
Je m'empare de Paris.
  Allons, leste, etc.

A mon cœur la liberté
Sourit mieux que l'esclavage,
Depuis que sur mainte plage
Elle règne avec fierté.
A son sort je m'intéresse,
Et loin de craindre un échec,
J'irais défendre la Grèce
Si je connaissais le grec.
  Allons, preste, etc.

Ainsi que plus d'un savant
Digne de l'Académie,
Je fais par économie
Mainte séance en plein vent :
Et dût-on me trouver drôle
Ou m'imputer un délit,
Le menton sur son épaule,
Je lis ce qu'un autre li'.
  Allons, preste, etc.

Un journal est à mes yeux,
Ce que l'ail est aux bons hommes,
Et dans la crise où nous sommes,
Qui peut tout lire est heureux.
Fidèle au plan que naguère,
Sous l'empire je suivais,
Tantôt je suis pour la guerre,
Tantôt je suis pour la paix.
  Allons, preste, etc.

En adroit navigateur
De l'océan politique,
Je lève la statistique
Monté sur le Moniteur.
Si je signale une flotte
Soudain je rive de bord,
Et guidé par le Pilote
J'arrive au but à bon port.
  Allons, preste, etc.

Le matin en fourrier,
Qui d'aucuns mets ne se prive,
Au Palais-Royal j'arrive
Aussitôt que le courier.
Mon opinion séduite
Sourit aux vœux du flatteur ;
Mais pour régler ma conduite
J'attends le Régulateur.
  Allons, preste, etc.

Puisqu'à l'appel du destin,
Chacun répond à la ronde,
Moi, je veux de l'autre monde
Prendre gaiment le chemin.
Aux disciples d'Esculape
Apitoyés sur mon sort,
Je veux, en pliant ma nappe,
Tout bas frédonner encor.
  Allons, preste, etc.

~~~~~~~~~~~~~~~~~~~~~~~~~~~~~~~~~~~~~~

LES SIX BAISERS.

Aïr : *Du Proscrit.* (L.)

Long-tems, Zulma, sur ton sein qui palpite,
Je m'endormis, bercé par les amours;
Ces jours heureux, hélas! coulent trop vite,
Et rien ne peut en suspendre le cours.
Sans s'arrêter, ma Zulma, le temps vole,
Sur mon chevet bientôt la mort viendra :
Qu'en attendant, notre bouche lui vole
Ce baiser là.

Te souviens-tu que j'obtins de ton âme
Le premier trouble, et le premier aveu;
Ce doux aveu, dont tu payas ma flamme,
Tu l'appuyas par cent baisers de feu.

8*

Mon cœur en vain gémit et se désole,
Ces nœuds si doux, le tems les brisera :
Qu'en attendant, notre bouche lui vole
Ce baiser-là.

Combien de fois, ô ma jeune maîtresse !
De ces instans si charmans et si courts,
Dans ma brûlante et chimérique ivresse,
J'ai cru pouvoir éterniser le cours !
Mais le bonheur est un songe frivole,
Que le réveil trop tôt dissipera,
Qu'en attendant, notre bouche lui vole,
Ce baiser-là

On ne peut pas, dit-on, aimer sans cesse ;
Comme les fleurs, l'amour a sa raison.
A l'âge heureux succède la vieillesse ;
L'amour fait place à la froide raison,
Que nous importe, où poussé par Éole,
Notre navire un jour abordera ?
Qu'en attendant, notre bouche lui vole
Ce baiser-là

De la beauté la couronne brillante
Doit quelque jour, se faner sur ton front ;
Sur cette joue aujourd'hui si riante,
Un jour, Zulma, les rides s'étendront.

Que notre cœur, d'avance se console,
Des coups que l'âge enfin nous portera;
Qu'en attendant, notre bouche lui vole
Ce baiser-là

De l'Éternel, quand la main foudroyante
Me frappera.... modére ta douleur;
Que réchauffé par ta main caressante,
Mon cœur mourant ; sente battre ton cœur:
Entre ses bras que mon âme s'enlève
Aux bords lointains, où Dieu la jugera;
Qu'en attendant, notre bouche lui vole
Ce baiser-là

LA RENCONTRE,

OU DIALOGUE ENTRE DEUX FORTS,
FORTS SUR LES CUIRS.

Air : *de la pipe de tabac.*

GROS-PIERRE.
Grâce au hasard, J'ean, j'te rencontre.
JEAN.
Queu plaisir pour moi, mon fiston ! (*bis.*)
GROS PIERRE.
Qu'elle heure est t'y donc za ta montre?
JEAN.
Mon ami, zélle est chez le charron. (*bis.*)

GROS-PIERRE.
On dit q'tu d'viens sec comme une planche,
D'puis q'ta Donzelle t'a quitté.
Aux Porch'rons tu n'vas plus l'dimanche.
JEAN.
Hier encor j'y ai été. (*bis.*)

JEAN.
Comment va le commerce, Gros-Pierre ?
GROS-PIERRE.
J'te dirai qça va pev za peu.
JEAN.
Entre nous j'crois q'dans la grand'mère,
D'puis q'tes fort tu n'vois plus q'du feu. (*bis.*)
Peu-tà peu, v'la comme on s'exprime,
Et c'n'est pas un cuir.

GROS-PIERRE.
T'as raison.
Car Léveillé, qu'est mon intime,
Dit que l'un zé l'autre zést bon. (*bis.*)

JEAN.
Puisque la gaîté nous rassemble,
Et que l'gouset n'est pas moizi,
J'pouvons ben c'soir aller ensemble
Claquer au Château d'Pallusy. (*bis.*)
L'Journal annonce q'dans c'te pièce,
Qui fait courir les plus cossus
L'traître assassine la Princesse.
GROS-PIERRE.
Tant mieux, j'rirons comme des bossus. (*bis.*)

www.ingramcontent.com/pod-product-compliance
Lightning Source LLC
LaVergne TN
LVHW022204080426
835511LV00008B/1564